Marie TUYET

Gongs d'Haïkus,
Haïkus et autres petits poèmes…

Nouvelle version

Illustrations de Marie TUYET

Mentions Légales : ©Marie Tuyet
Edition : Bod-Books on Demand, 12/14 ROND6POINT DES Champs Elysées 75008 PARIS

Impression : Bod-Books on Demand, Norderstedt, Allemagne

N° ISBN : 9782322235285

Dépôt légal : Juin 2020

Marie TUYET

Gongs d'Haïkus,
Haïkus et autres petits poèmes.

SOMMAIRE

Préambule du Poète……………………………………....11

PRINTEMPS………………………………………13
ETE………………………………………………….47
AUTOMNE…………………………………………..87
HIVER……………………………………………….111

Poème des Quatre Saisons………………………..129

L'Epilogue du Poète……………………….……...131

Le Préambule du Poète

Ne me dites pas
Ce que je dois penser.
Permettez d'abord
Que je meure à moi-même
Pour m'ouvrir à la Source
De la Vie.

PRINTEMPS

Ô Âmes mortes,
Le gong appelle !
Haïkus.

Dernières neiges poudrées
Aux fleurs de prunier rose

L'UNITE PREMIERE.

Craque le bourgeon
Dans la blancheur féconde
D'une branche Inerte.

Danse un oiseau.

A la branche frissonne
Tremble une fleur.

Aux pétales des roses
Essuyer la rosée

Larmes du temps passé.

Le lilas se balance

Dans le jardin vert
L'explosion de Vie.

D'ici, de là
Les papillons d'azur,

Vol de printemps.

Le chien badine au vent

Brille le soleil
Aux heures d'avril.

Quand les rivières qui fondent
Grondent au gué,

Conduire l'Enfant sans peur.

Croule la glycine...

Au mur de pierre
Le premier lézard...

Babillent les oiseaux
Dans le jardin de mon cœur
Naît une rose.

Les branches s'égouttent
S'ébroue la Vie
Au soleil des heures nouvelles.

Toujours vert,
Toujours droit
Le bambou de lumière.

De DIEU
Je sais mon cœur
Qui bat sous la lune

L'Amour débordant de Vie

L'Infini de nos âmes

Ton rire sous la pluie.

Que dit la Source ?

Qu'il faut se tenir là
Debout dans l'Aube.

La nuit s'achève.

Le soleil timide nimbe
Mon esprit de brume.

S'évanouit la nuit.
Pâles lueurs
De l'Aube naissante.

L'instant du Thé
Ne craint pas la mort.

O! Instants suspendus !

Chercher un murmure d'eau
Sous un caillou...

Chercher, toujours...

La rivière aux parfums
Exhale
Les Âmes Naissantes.

Un ange danse
Dans un rayon.

Lumières de mouches.

Tremble l'onde…
Sous les saules,
Le petit pont sur l'eau.

Boire à la fontaine
Des choses émergeantes…

… Je ne connais plus la Mort…

Tout s'effraie encore
O ! Mon Vide…

Long travail des jours…

De tant de choses fragiles
Au vent
Cœurs de grelots tintinnabulent.

Et puis du fond
Des émergences nues,

Une île, e*nfin.*

Tels les lotus blancs sur le lac opaque
Dessus la vase embourbée,
Dansent les âmes pures.

Le cœur-instant

Murmure d'Amour où Le Ciel s'entend.

- PRESENT.

Que naisse la Femme
De la femme

Que naisse l'Homme
De l'homme

Puis,
Que vienne l'UNION.

- *Sauvé ! Le Monde.*

Elle ne se touche
Ni ne s'accapare

La lumière dans la nuit.

Ouvre-toi mon Âme
Aux choses de la Vie !

Beauté du Monde naissant.

L'eau dans le broc
Le pain sur la table

Le soleil qui frappe au carreau

Le grand silence de vie.

Marche doucement
De peur d'écraser

Une Aube Naissante...

ETE

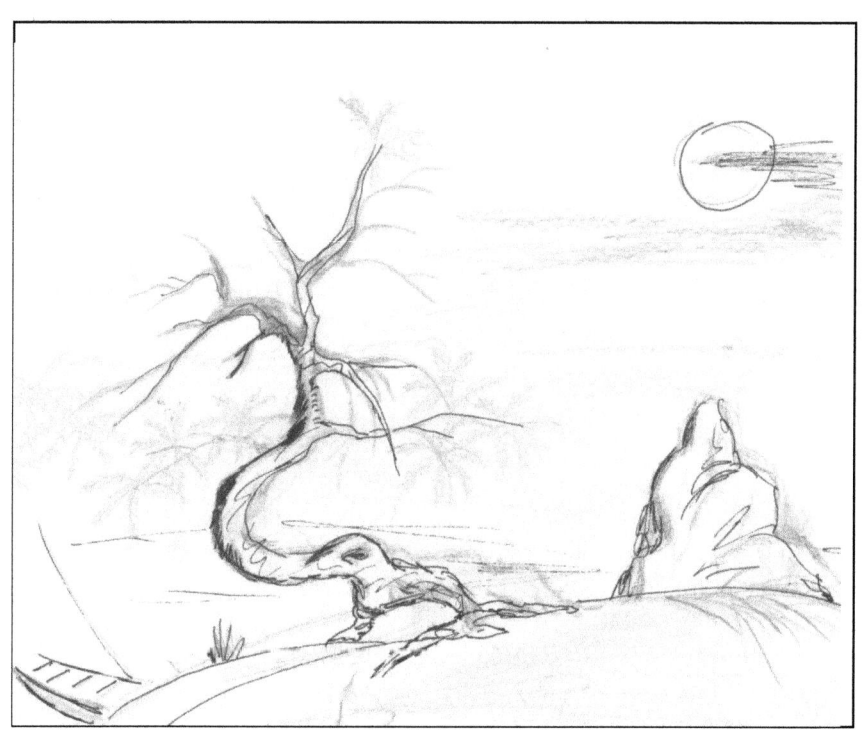

Le rayon de soleil déchire le ciel
Sur la feuille blanche,
Ainsi paraît le Mot.

Les blés ondulent
Aux champs des cigales

L'Homme Debout écoute.

La sueur de l'homme
Fauche le champ.

Moiteurs d 'Eté.

Chaque jour planter le riz,
Chaque heure, chaque année.

Courage des hommes arc-boutés.

Matin endormi
Aux collines solitaires
Même les ombres fuient.

Midi.
Tout se tait.
L'Oiseau s'ennuie.

Chanter au blé qui lève,
Danser aux soirs d'été,

Aimer.

Longues les heures sans fin. !
Mais pourquoi le Vide ?

Ô ! Lourdeur des jours sans but !

Sur le sentier asséché
Des traces boueuses
D'homme lourd.

Un bateau sur la mer
Un oiseau perdu au loin

L'écume des souvenirs...

Secrets murmurés
A la bouche du fiancé...

Baisers fragiles...

Ouvrir ses volets...

Dans la rosée du matin
Le sourire des voisins.

L'instant ne se voile
Ni ne se cueille

Pensées du Ciel...

Feuilles aux vents
Frivoles, éparses,

Pensées d'argile.

Et moi je recommence,
Comme vagues en ressac
Sur les rives des heures nouvelles.

L'oiseau sautille au ciel,
Puis se tait.

Doux pépiements d'instants.

Ecouter frémir les blés
Sous la caresse de la brise.

Demain, le chant des hommes libres.

Ton cœur d'or en mon âme
Déposé et blotti

Soleil de ma Vie.

En paix la carpe d'or
Dans les eaux noires
Du lac de boue.

Soupire la terre,
Dernières chaleurs...

Patience des jours.

Montent les parfums…

Sur le sentier nouveau
S'ouvre ma vie.

Le chien à mon pas,
Marcher dans l'haleine du crépuscule…

Poussières d'étoiles.

Beauté pure de la Lune d'opale !

S'écoute le monde
La nuit.

Ton émoi jusqu'au cœur !

En moi
Ta Vie.

Ne pas fuir aux chaos du jour
S'offrir à la lutte...

- Sourire sous la pluie.

Des feuillages troués d'or
Un rayon tombe
Dans ma tasse de thé.

Un pas dans le sable…

La mer glisse goulue
Et l'avale.

Respirer aux embruns
La Vie d'avant les mondes.

En bas dans la mare,
Un poisson nage et rit.

Dessous le saule
Les hommes.

Les enfants jouent en bas,

A la rivière, les femmes
Trempent le linge
Des jours.

Sur le sol
Le riz sèche
Au temps.

*Chine d'antan
Aux heures du jour...*

Aux sabots des chevaux en nage
Et des sourires de fée,
Court l'enfant pressé.

Pantelant le cœur
Arraché à l'arène
Des hyènes…

*- Souffrances sans nom,
Derniers vestiges.*

Echoué sur la grève
Des pensées mortes,

Un tronc perdu en mer...

Heureux l'homme au cœur
Qui voit.

Du cœur qui s'ouvre
Au rire des larmes,

L'Infini de DIEU.

JOIE
BEAUTE
LUMIERE

Chant de l'Âme libre.

S'assoir à la fontaine,
Fraîcheur dans la brise,

D'or, mon cœur au vent.

Dans le fracas des peuples
Et des armes

La Mère qui pleure.

Du trouble de l'âme
Les troubles du corps,

Troubles du monde.

Et d'un seul rire heureux

Sauver
Une seconde.

Les saisons passent et s'effeuillent
Les saisons passent,

Pureté du Cœur.

AUTOMNE

De l'été qui s'achève
Quelques cigales mortes...

Le grand soupir de l'Âme.

Automne…

Se pare de roux l'érable
Du japon et des mondes…

Dernières danses
D'oiseaux.

S'assoir à la pagode des vents.
Sous la moiteur du lac de marbre
L'ombre fraîche est douce.

Regarder l'enfant qui grandit...
S'affranchir des peurs
De celle qui met au monde,

Et se meurt, petit à petit.

Glisse la pluie,
Le toit ruissèle...

Et toi, Enfant,
Tu danses.

De branche en branche
L'Arbre danse.

Saute l'écureuil ébouriffé.

Du feu qui crépite
A la flamme d'or qui chante...

- Joie du cœur ! S'assoir ici.

Les raisins sont cueillis.

Aux vignes chante
Le poireau sauvage.

Quand fume la soupe du soir
Au bol se rassemblent les bruits
Du jour et des gens.

Bientôt la nuit.

Rentrer le bois dans la grange…

« - L'hiver sera dur cette année »,
Dit la vieille sous la pluie.

De petits gestes
En petits pas

Le vieil homme.

Ouvrir sa maison aux rires de ses amis,

Joie pure des flambées d'automne
Et des châtaignes chaudes.

Marcher aux premières bruyères,

Respirer un rêve perdu,

Là, sous les mousses.

Partir aux châtaignes...

Revenir les bras lourds
De bruyères et de vents.

« - Vite !
Viens voir la fleur qui s'ouvre ! »
Crie l'enfant.

Automne surprise...
Miracles des joies d'enfants.

Un chagrin s'est perdu aux collines
Entends-tu mugir le vent ?

Un chagrin s'est perdu
Et le berger marche encore.

Fracas des volcans en furie
Sang, pleurs et ruines,

Le monde de mort.

Dessous le ciel de sang
Pleure
L'enfant qui naît

Des cœurs non éclos,

Ténèbres

Sans fin.

Dans la campagne de flammes rousses,
Pleurent les Ames mortes…

Sonne le gong, encore.

Se fracassent les mondes
Dans les vents mugissants.

*Sur la grève libre
Les chevaux blancs galopent au vent.*

Se meurt l'automne aux branches nues.
Se meurt l'automne.
Aux premiers givres danse l'hiver.

Adieu ! Feuilles rousses !
Dans la tourmente des vents
Les cœurs languissants.

HIVER

Les pluies torrentielles
Les terres en brasier
La Terre qui gronde et se brise...

*Pleureront les Âmes,
Errantes et nues.*

Debout sur la terre
Comme un sanglot dans la nuit
Pleure l'Ange seul.

Tombe le monde…
Aveugles et sourds les hommes,
Encore et encore.

Se respire le Ciel
Dans la brume du matin
Froidures d'Hiver.

Et quand mon corps sera si las
Et mes rides si creuses
M'aimeras-tu, toujours ?

L'oiseau s'est tu.
Aux branches nues
Mugit le vent.

Gelée, la rivière.
De la vallée inerte
Montent des rires.

Aux berges du cœur
Languissent et puis soupirent
Mille cris en mer.

Dure et drue tombe la pluie.
Dans la tourmente des vents
　　Un petit feu crépite.

Au cœur battant des jours
Des perles et des fleurs
Pour toi, mon Amour…

Encore et encore
Ton cœur ouvert
D'entre les heures...

Accrochées au vallon d'hiver
Les maisons dans la brume.

Un ange d'or appelle ici.

Pousser la porte dans la montagne,
Marcher à la flamme d'ombre et de silence

La petite église.

Silence...
Présence Vivante
À l'Âme en Paix.

Mes mains en tes mains,
Sans fin
La Vie.

Assis sous le porche du monde
Veille
L'homme sans âge.

Dessus la terre
Les premiers flocons légers.

Pureté.

De l'hiver ne craint
Aucune âme
Profonde.

POEMES DES QUATRE SAISONS.

PRINTEMPS,
        NAÎT.

ETE,
        VIVANT.

AUTOMNE,
        PARFAIT.

HIVER,
        SILENCE.

        Du Silence Parfait
        Naître au Vivant !
        - Pureté du Cœur ! -

L'Epilogue du Poète

Je ne cherche plus.
Je m'ouvre à la Vie.

DU MÊME AUTEUR :

- *L'Instant d'Amour,* éditions Bod. 2020.
- *Dans un Vol de Colombes*, petits cantiques des morts et des vivants, éditions Bod. 2019.
- *Au Hasard des chemins,* (projet d'édition en cours), Deuxième Prix du Conseil Départemental des Pyrénées Atlantiques 2019.
- *Le Chant de l'Âme,* édition Nouvelle Pléïade. 2018. Diplôme d'honneur 2017 de la Société des Poètes Français (Paris).
- *Les Petits Bonheurs,* éditions Bod.2018.
- *Cherche Dieu ô mon Âme,* éditions du Net.2016.
- *à l'Ombre des arbres en paix, poèmes pour la paix,* éditions du Net. Prix de l'Espoir, Jeux floraux méditerranéens 2015(Narbonne).
- *Les Volcans de Braise,* éditions Novelle Pléïade. 2015. Premier Prix de Poètes sans Frontières 2016(Orange), Prix Charles Baudelaire 2015 (Paris), Prix de la communauté de commues de Lacq 2013, Jeux floraux du Béarn (Pau).

- *Gongs d'Haïkus, haïkus et autres petits poèmes,* autoédition A FLEUR D'ÂME, version 2014 en édition limitée.2013.
- *Contes et enseignements de Maître Shen,* autoédition A FLEUR D'ÂME, version 2013 en édition limitée.
- *Pour que danse l'Enfance,* autoédition A FLEUR D'ÂME, version 2013 illustrée, en édition limitée.
- *Pour que chante L'Enfance,* éditions EDILIVRE. 2013.
- *La Petite Fille aux Feuilles de Feu, conte philo,* version 2012, éditions EDILIVRE.
- *J'écrirai pour vous dire,* éditions EDILIVRE. Mars 2012.
- *Méditations aux Monts Huang Shan, contes philo,* éditions EDILIVRE. Août 2011.
- *Lettres ouvertes à l'Amour,* éditions EDILIVRE. Mars 2011.

L'AUTEUR

Marie TUYET est née en 1966 et vit dans l'Hérault. Membre de la SOCIETE DES POETES FRANÇAIS, elle participe ou organise des récitals poétiques et des manifestations littéraires. Elle intervient également en milieu scolaire et culturel pour partager son amour de la poésie et de la Vie.

Passionnée par la sagesse et le parcours des grands mystiques chrétiens et orientaux, son parcours atypique l'a conduite à la gestion de projets socio-culturels, éducatifs et de formation, l'accompagnement des publics en difficulté d'insertion et en développement personnel, puis à partir de 1998, l'enseignement du taï-chi/chi-qong en entreprise qu'elle pratique depuis 1992.

Elle a repris bénévolement en 2018 la direction du concours de poésie Les Jeux Floraux Méditerranéens, organisés au profit des œuvres humanitaires de l'association Poètes sans Frontières, ainsi que la scène poétique et musicale Les Automnales poétiques de Montpellier, qu'elle a créée et organise également au profit de cette association, dont elle est déléguée sur sa région.